Monos

Julie Murray

Abdo

¡ME GUSTAN LOS ANIMALES!

Kids

abdopublishing.com

Published by Abdo Kids, a division of ABDO, PO Box 398166, Minneapolis, Minnesota 55439.
Copyright © 2017 by Abdo Consulting Group, Inc. International copyrights reserved in all countries.
No part of this book may be reproduced in any form without written permission from the publisher.

Printed in the United States of America, North Mankato, Minnesota.

102016

012017

THIS BOOK CONTAINS
RECYCLED MATERIALS

Spanish Translator: Maria Puchol

Photo Credits: iStock, Shutterstock

Production Contributors: Teddy Borth, Jennie Forsberg, Grace Hansen

Design Contributors: Candice Keimig, Dorothy Toth

Publisher's Cataloging-in-Publication Data

Names: Murray, Julie, author.

Title: Monos / by Julie Murray.

Other titles: Monkeys. Spanish

Description: Minneapolis, MN : Abdo Kids, 2017. | Series: ¡Me gustan los
    animales! | Includes bibliographical references and index.

Identifiers: LCCN 2016947548 | ISBN 9781624026348 (lib. bdg.) |
    ISBN 9781624028588 (ebook)

Subjects: LCSH: Monkeys--Juvenile literature. | Spanish language materials--
    Juvenile literature.

Classification: DDC 599.8--dc23

LC record available at http://lccn.loc.gov/2016947548

Contenido

Monos

La mayoría de los monos vive en los árboles. Algunos viven en la tierra.

Los monos tienen los brazos y las piernas largos. Les sirven para trepar.

Los monos tienen dedos pulgares. Les sirven para poder agarrar cosas.

9

Algunos monos tienen cola larga. Les sirve para mantener el equilibrio. ¡También para poder colgarse de los árboles!

Los monos pueden ser de color café o gris. Algunos son rojizos. Otros son de colores vivos.

Los monos comen hojas y fruta.

También comen semillas y

corteza de árbol.

Algunos monos son grandes.

El mandril es el más grande

de todos.

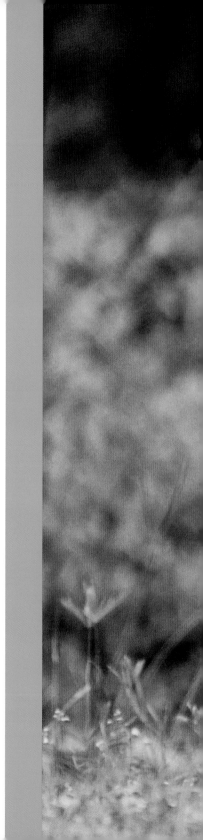

Otros monos son pequeños.
Los tití pigmeo son los
más pequeños.

¿Te gustan los monos?

Algunos tipos de monos

macaco japonés

sakí cariblanco

mono ardilla

tití león dorado

Glosario

corteza
parte externa y dura de los árboles.

color vivo
color brillante y vistoso.

mantener el equilibrio
evitar caerse.

Índice

abdokids.com

¡Usa este código para entrar en abdokids.com y tener acceso a juegos, arte, videos y mucho más!

Código Abdo Kids:
IMK5338

24